FRAGEN, DIE SIE VOR DER EHE STELLEN SOLLTEN

Lernen Sie Ihren Partner kennen, bevor Sie den Bund fürs Leben schließen

Jeff Kinsman

Inhalt

„Bei der Ehe geht es nicht nur darum, die richtige Person zu finden; Es geht darum, die richtige Person zu sein."

Unbekannter Autor

„Das Stellen schwieriger Fragen vor der Ehe bringt Wachstum und ebnet den Weg für eine starke und erfüllende Partnerschaft."

Unbekannter Autor

„Bevor wir ‚FÜR IMMER' sagen, fragen wir uns gegenseitig alles. Je mehr wir jetzt wissen, desto stärker ist die Liebe von morgen."

Unbekannter Autor

Vorwort

EINE ERFAHRUNG AUS DEM ECHTEN LEBEN

Bevor wir uns auf diese Entdeckungsreise begeben, möchte ich Ihnen meine persönlichen Erfahrungen mitteilen, die die Entstehung dieses Buches inspiriert haben.

Mein Partner und ich waren seit zwei Jahren befreundet und begannen nach dem zweiten Jahr, als wir unsterblich verliebt waren, eine Beziehung. Wir waren noch zwei Jahre und ein paar Monate zusammen. Zu diesem Zeitpunkt hatten wir das Gefühl, dass wir uns aufgrund der langen Zeit, die wir als Freunde zusammen verbracht hatten, in- und auswendig kannten, und dachten darüber nach, den nächsten Schritt in unserer Beziehung zu machen und zu heiraten. Doch als wir mit den Hochzeitsplanungen begannen, stellten wir irgendwann fest, dass es noch eine ganze Reihe wichtiger Themen gab, die wir nicht besprochen hatten.

Wir standen vor schwierigen Gesprächen über Finanzen im Hinblick auf die Geldverwaltung, auch unsere Berufswünsche waren ganz anders und sogar unsere

Erwartungen an die Familiengründung waren völlig anders. Es war so traurig, dass wir während der gesamten Freundschafts- und Dating-Phase nichts davon begreifen oder besprechen konnten. Nun, vielleicht waren wir von der Liebe geblendet, wie sie sagten; „Love is Blind" ist etwas leichter.

Durch diese Gespräche entdeckten wir Unterschiede in unseren Werten und Prioritäten, die uns vorher nicht bewusst waren. Obwohl wir einander verpflichtet fühlten, wurde uns klar, dass wir uns noch Zeit nehmen mussten, um einander wirklich zu verstehen und sicherzustellen, dass wir auf einer Wellenlänge waren, bevor wir den Bund fürs Leben schlossen.

Wenn es um die Ehe geht, ist eines sehr wichtig: Es handelt sich um eine „Schule fürs Leben", die man nicht abschließen kann, denn auf ewig ist die Sache, daher müssen die beteiligten Partner ähnliche Ziele und Visionen haben und sie können sich gegenseitig bei der Verwirklichung helfen diesen Zweck und diese Vision, ohne sich gegenseitig zu beeinflussen.

Diese Erfahrung hat uns dazu inspiriert, weiter nach Ressourcen zu suchen, die uns bei unseren Gesprächen helfen und unser gegenseitiges Verständnis vertiefen können, einschließlich einiger Beratungsgespräche mit Eheberatern. Wir haben herausgefunden, dass das Stellen der richtigen Fragen und offene, ehrliche Gespräche unsere Beziehung stärken und uns sogar näher zusammenbringen, gepaart mit der Liebe, die wir füreinander empfinden.

Nach einer Reihe von Beratungsgesprächen und dem Besuch von Seminaren gemeinsam mit meinem Partner sind wir jedoch in der Lage, eine ganze Reihe von Dingen zu verstehen, die verschiedenen Perspektiven auf verschiedene Aspekte des Lebens wurden besprochen, wichtige und zielgerichtete Fragen, die zu einem erfüllten Leben führen werden Erfahrungen wurden gefragt, und wir konnten eine gemeinsame Basis finden und sind nun seit 3 Jahren glücklich verheiratet und zählen immer noch.

Mit dieser Erfahrung im Hinterkopf präsentiere ich dieses Buch: „Fragen, die Sie vor der Ehe stellen sollten: Lernen Sie Ihren Partner kennen, bevor Sie den Bund der Ehe schließen.“ Ich hoffe, dass es Paaren, die sich auf den Weg der Ehe begeben, als wertvolle Ressource dienen und ihnen dabei helfen wird, wichtige Gespräche zu führen und eine starke Grundlage für ein Leben voller Liebe und Glück zu schaffen.

Einführung

DIE WICHTIGKEIT DES FRAGENS VERSTEHEN

Eine starke und dauerhafte Grundlage schaffen

Die Ehe wird oft als eine Reise beschrieben – eine Reise voller Liebe, Lachen, Herausforderungen und Wachstum. Aber wie jede Reise erfordert auch sie eine sorgfältige Vorbereitung und Planung, um eine reibungslose und erfolgreiche Reise zu gewährleisten. Einer der wichtigsten Aspekte dieser Vorbereitung ist das Stellen von Fragen – Fragen, die tief in das Innerste dessen eindringen, wer wir sind, was wir wertschätzen und was wir uns für unsere Zukunft vorstellen.

Paare könnten an der Schwelle zur Ehe stehen und sehnsüchtig auf das Abenteuer warten, das vor ihnen liegt. Möglicherweise sind sie tief verliebt, einander verpflichtet und bereit, den Sprung in eine lebenslange Partnerschaft zu wagen. Doch unter der Oberfläche ihrer Aufregung existiert eine Welt voller Unbekannter – eine Welt, die darauf wartet, durch die Kraft der Nachforschungen und des Dialogs erkundet zu werden.

Das Stellen von Fragen vor der Ehe ist nicht nur eine Formalität oder eine auszufüllende Checkliste – es ist ein wichtiger Schritt beim Aufbau einer Grundlage für Verständnis, Vertrauen und Kompatibilität. Es ist eine Möglichkeit für Paare, ihre Hoffnungen, Träume und Ängste ans Licht zu bringen. gemeinsam mit offenem Herzen und offenem Geist durch die Komplexität des Lebens zu navigieren.

Bevor sich zwei Menschen auf den Weg der Ehe begeben, gibt es eine entscheidende Phase der Vorbereitung, die oft übersehen wird: die Zeit, die sie damit verbringen, sich gründlich und gründlich kennenzulernen. Diese Zeit der Erkundung, Selbstbeobachtung und offenen Kommunikation ist entscheidend für den Aufbau einer Grundlage, die eine starke und dauerhafte Beziehung unterstützt.

In der Hektik der Hochzeitsplanung und der Vorfreude auf die Zukunft übersieht man leicht, wie wichtig es ist, die richtigen Fragen zu stellen und sinnvolle Gespräche über die Komplexität des gemeinsamen Lebens zu führen. Dennoch sind diese Gespräche das Fundament, auf dem eine gesunde und blühende Ehe aufbaut.

Meine persönliche Erfahrung zeigt, wie wichtig es ist, vor der Ehe Fragen zu stellen – nicht nur, um mehr über unseren Partner zu erfahren, sondern auch, um mehr über uns selbst herauszufinden. Durch diese Fragen gewinnen wir Einblick in unsere eigenen Werte, Überzeugungen und Prioritäten und ermöglichen es uns, mit Klarheit, Absicht und Zielstrebigkeit eine Ehe einzugehen.

Ziel dieses Buches ist es, Paaren einen Leitfaden für die Bewältigung wichtiger Gespräche an die Hand zu geben, die ihre gemeinsame Zukunft gestalten werden. Indem Paare die richtigen Fragen stellen und sich auf eine offene, ehrliche Kommunikation einlassen, können sie den Grundstein für eine starke, belastbare und auf Dauer angelegte Ehe legen.

Auf den Seiten dieses Buches finden Sie praktische Anleitungen, aufschlussreiche Fragen und Geschichten aus dem wirklichen Leben, die Sie inspirieren und befähigen, diese Entdeckungsreise mit Zuversicht und Klarheit anzutreten. Egal, ob Sie frisch verlobt sind, den Bund fürs Leben planen oder einfach nur Ihre Beziehung stärken möchten, Sie sind herzlich eingeladen, sich uns auf dieser Reise der Entdeckung und Vorbereitung auf ein Leben voller Liebe und Glück anzuschließen.

Kapitel eins

LERNEN SIE IHREN PARTNER KENNENLERNEN

Bevor Sie „Ja“ sagen, müssen Sie die Person, mit der Sie den Rest Ihres Lebens verbringen möchten, wirklich verstehen. Hier geht es um eine lebenslange Reise, und Sie können nichts riskieren oder verändern, in der Hoffnung, etwas zu ändern, wenn Sie heiraten. Die Wahrheit ist, dass die „VERÄNDERUNG“ jetzt beginnt.

Eines der wichtigsten Dinge, die Sie über Ihren Partner wissen müssen, ist dessen jeweiliger Hintergrund und Erziehung. Für jede Familie hier auf der Erde sind wir alle mit unterschiedlichen Hintergründen aufgewachsen, unser Aufwachsen und unsere Erziehung sind per se ziemlich unterschiedlich, daher wird die Art und Weise, wie wir Dinge denken und sehen, definitiv unterschiedlich sein. Wenn zwei Menschen zusammenkommen, um eins zu werden, ohne das gleiche Verständnis über das Leben und dessen, was das Leben während der Lebensreise zu bieten hat, zu haben, wird dies zu großen Streitigkeiten und Missverständnissen führen, die ein Zuhause zerstören können, wenn sie nicht richtig gehandhabt werden. All dies kann nur passieren, wenn keine entsprechenden Nachforschungen angestellt werden.

Wer in einer familiären Umgebung aufwächst, in der es Wärme und Lachen mit wenig oder weniger Problemen gibt, wüsste nicht, dass es schlimmere Hintergründe und mehr auf dieser Welt gibt als das, was er in seiner Kindheit erlebt hat. Verglichen mit jemandem, dessen Kindheit von Härte und Widerstandskraft geprägt war, der schon in jungen Jahren immer für sich selbst sorgen musste und nie die Wärme und Liebe erfahren hat, die mit einem richtigen Familienumfeld einhergeht, sind das offensichtlich beide Definitionen darüber, wie eine Familie aussehen sollte Wenn etwas anders ist, werden auch die Erwartungen unterschiedlich sein.

Der Austausch all dieser Erfahrungen wird einander helfen, ein tieferes Verständnis für die Herausforderungen und Erfolge zu entwickeln, die ihre jeweilige Reise geprägt haben.
Um den Hintergrund Ihres Partners zu verstehen, müssen Sie offene Fragen stellen, die ihn dazu einladen, seine Erfahrungen zu teilen. Fragen wie;

1. Was sind einige Ihrer schönsten Erinnerungen aus Ihrer Kindheit?
2. Können Sie uns von bedeutenden Lebensereignissen oder Erfahrungen erzählen,

die Sie zu dem gemacht haben, was Sie heute sind?

3. Wie würden Sie die Dynamik innerhalb Ihrer Familie während des Heranwachsens beschreiben?

Darüber hinaus geht es um die Erforschung von Themen wie der sehr wichtigen Beziehung zu ihren Eltern und Geschwistern, ihrem kulturellen oder religiösen Erbe und allen anderen wichtigen Lebensereignissen, die sie beeinflusst haben.

4. Welche kulturellen oder religiösen Traditionen waren für Ihre Familie wichtig?
5. Wie hat Ihre Erziehung Ihrer Meinung nach Ihre Werte und Überzeugungen beeinflusst?

Indem Sie einige dieser Fragen stellen und aktiv zuhören und sich in ihre Geschichte hineinversetzen, knüpfen Sie eine tiefere Verbindung und legen den Grundstein für gegenseitiges Verständnis und Unterstützung.

Unsere Werte, Überzeugungen und Ziele sind der Kompass, der uns durch das Leben führt. Diese Aspekte der Identität Ihres Partners geben Aufschluss darüber, was ihn antreibt, was ihm am wichtigsten ist und was er mit Ihnen auf Ihrem gemeinsamen Weg in die Zukunft erreichen möchte.

Für manche kann es soziale Gerechtigkeit, Gleichheit, unerschütterlicher Einsatz, persönliches Wachstum,

Selbstverbesserung und vieles mehr sein. Versuchen Sie, die Werte und Ziele Ihres Partners zu kennen und zu verstehen, insbesondere wenn Sie beide verheiratet sind, denn es ist wichtig, dass Sie beide die gleichen oder ähnliche Ziele verfolgen, bei deren Verwirklichung beide Parteien zusammenarbeiten können. Aber sobald die Ziele unterschiedlich sind, strebt jeder danach, seine Ziele zu erreichen, die in der Regel nicht gesund sind. Gemeinsam eine gemeinsame Vision für die Zukunft haben.

Entdecken Sie die Werte, Überzeugungen und Ziele Ihres Partners und führen Sie offene und ehrliche Gespräche, die Verletzlichkeit und Authentizität fördern. Stellen Sie Fragen, die zum Nachdenken und zur Selbstbeobachtung einladen, z. B. was ihnen im Leben am meisten am Herzen liegt, welche Prinzipien ihre Entscheidungsfindung leiten, welche langfristigen Ziele und Bestrebungen sie haben, wie sie sich ihre ideale Zukunft vorstellen, welche Schritte sie unternehmen, um diese zu erreichen und was sie sich erhoffen in den kommenden Jahren erreichen.

All dies trägt dazu bei, einen Raum für gegenseitiges Verständnis und Abstimmung zu schaffen und den Grundstein für eine Partnerschaft zu legen, die auf gemeinsamen Werten und gemeinsamen Zielen basiert.

Neben dem Kennenlernen Ihres Partners gehört noch mehr dazu, seinen Hintergrund, seine Werte, Überzeugungen, Ziele, Visionen und so weiter. Für den Aufbau Ihres zukünftigen Familienlebens ist es auch sehr wichtig, die Familiendynamik und Erwartungen Ihres Partners zu verstehen.

Die Familie ist der Grundstein unseres Lebens und prägt unsere Beziehungen, Traditionen und unser Identitätsgefühl.
Wenn Sie mit Ihrem Partner über familiäre Dynamiken und Erwartungen sprechen möchten, müssen Sie mit Empathie und Offenheit an das Gespräch herangehen. Erzählen Sie Geschichten aus Ihren eigenen Familienerlebnissen und hören Sie aufmerksam zu, während Ihr Partner dasselbe tut.

Besprechen Sie Themen wie Ihr gewünschtes Maß an Engagement für weitere Familienmitglieder, Ihre Erwartungen an die Rollen und Verantwortlichkeiten der Eltern, Ihre Vision für die Schaffung von Familientraditionen und -ritualen, die Aufteilung der Haushaltspflichten und der Entscheidungsfindung sowie Pläne, wie Sie beide die Zeit mit den Kindern priorisieren würden Familie einmal verheiratet.

Wenn Sie all dies mit aller Aufrichtigkeit und Offenheit fragen und teilen, werden Ihnen die Augen geöffnet, wer

Ihr Partner wirklich ist. Aber man geht davon aus, dass es dazu beitragen wird, gemeinsam ein starkes und belastbares Familienleben aufzubauen.

Kapitel Zwei

KOMMUNIKATION UND KONFLIKTLÖSUNG

Es erfordert Anstrengung, Beziehungen in gutem Zustand zu halten. nicht nur romantische, sondern auch solche, an denen Kinder, Familie und sogar Bekannte beteiligt sind. Abgesehen davon, dass Sie sich selbst treu bleiben und was Sie emotional brauchen, ist es wichtig, Ihre Beziehung kontinuierlich zu pflegen, klar zu kommunizieren und Techniken zur Streitbeilegung zu entwickeln.

„Die Menschen, mit denen Sie Ihre Zeit verbringen, werden Ihre Sicht auf sich selbst widerspiegeln", sagt Kelly Campbell, außerordentliche Professorin für Psychologie. Das heißt, je glücklicher Sie sind, desto stärker können die anderen Beziehungen sein.

Eine Methode zur Verbesserung der zwischenmenschlichen Beziehungen zu anderen ist die effektive Kommunikation, insbesondere mit Ihrem Partner bzw. in Ihrer Beziehung.

Effektive Kommunikation ist entscheidend für erfolgreiche Beziehungen. Aber genauso einzigartig wie jeder Mensch ist auch sein Kommunikationsstil. Um einen gesunden und produktiven Dialog zu fördern, ist es wichtig, den Kommunikationsstil und die Vorlieben Ihres Partners zu verstehen.

Sie müssen die Kommunikationsmuster und Nuancen Ihres Partners wahrnehmen und beobachten. Sie sollten bemerken können, wie sie sich ausdrücken, sei es durch Worte, Gesten oder Körpersprache. Indem Sie auf diese Hinweise achten, erhalten Sie einen Einblick in die Art und Weise, wie sie am liebsten kommunizieren, und können Ihren Ansatz entsprechend anpassen.

Meine Partnerin zum Beispiel ist eine sehr ausdrucksstarke Art, wenn wir oft diskutieren, und sie liebt es, dass ich, wenn sie mit mir kommuniziert, auf fast jede Aussage reagiere, nur damit sie sicher ist, dass ich bei ihr bin und auch im Gespräch mitfließen. Persönlich bin ich an diesen Kommunikationsstil nicht so gewöhnt, ich höre lieber zu und gebe am Ende meine Kommentare ab, aber nachdem ich das studiert und darauf geachtet habe, musste ich versuchen, mich an diesen Stil und für immer anzupassen Seitdem gibt es keine kleinen Details, die sie nicht immer mit mir teilen möchte, und das war wirklich hilfreich für das Wachstum.

Für einige neigen sie möglicherweise dazu, offen und direkt zu kommunizieren, während andere es vorziehen, zurückhaltender und introspektiver zu sein. Durch ehrliche Gespräche lernen und schätzen Sie die Kommunikationspräferenzen des anderen und finden eine gemeinsame Basis in der gemeinsamen Verpflichtung zu einem offenen und ehrlichen Dialog.

Um den Kommunikationsstil Ihres Partners einzuschätzen, beobachten Sie, wie er in verschiedenen Situationen und Kontexten kommuniziert. Beachten Sie ihre verbalen und nonverbalen Signale, ihre Zuhörgewohnheiten und ihre Reaktion auf Konflikte oder Meinungsverschiedenheiten. Indem Sie ihren Kommunikationsstil verstehen, können Sie Ihren Ansatz anpassen, um ein besseres Verständnis und eine bessere Verbindung in Ihrer Beziehung zu fördern.

Während Sie versuchen, den Kommunikationsstil Ihres Partners zu kennen und zu verstehen, müssen Sie wissen, dass es bei der Kommunikation nicht nur ums Reden geht – es geht um Zuhören, Verstehen und Einfühlen. Daher müssen Sie einige effektive Kommunikationstechniken erlernen, die Ihnen helfen, schwierige Gespräche zu meistern, Ihre Bedürfnisse und Wünsche auszudrücken und Konflikte konstruktiv zu lösen. Denn irgendwann kann es Gründe für Streit oder

Missverständnisse geben, aber die Fähigkeit, das Problem konstruktiv zu lösen, ohne dass jemand verletzt wird, ist für beide Seiten eine Win-Win-Situation.

Einige der Techniken, die Sie anwenden können, sind Techniken des aktiven Zuhörens, die für gegenseitiges Verständnis und Respekt sorgen. Augenkontakt und aufmerksames Nicken, während Ihr Partner spricht, und das Paraphrasieren seiner Worte, um Ihr Verständnis zu bestätigen, werden Ihnen wirklich viel ersparen. Indem Sie Empathie und Bestätigung üben, schaffen Sie einen sicheren und unterstützenden Raum für einen offenen Dialog.

Ich weiß von zwei Partnern, dass das Erlernen effektiver Kommunikationstechniken für sie transformativ war. Es half ihnen, die Kraft von „Ich"-Aussagen zu entdecken, ihre Gefühle auszudrücken, ohne dabei dem anderen die Schuld zu geben, und wie wichtig es ist, während hitziger Diskussionen Pausen einzulegen, um sich abzukühlen und die Perspektive wiederzuerlangen. Durch Übung und Geduld verfeinerten diese Partner ihre Kommunikationsfähigkeiten und stärkten ihre Bindung als Partner.

Einige andere Kommunikationstechniken, die Sie erforschen müssen, sind durchsetzungsfähige Kommunikation, aktives Zuhören (sehr wichtig) und gewaltfreie Kommunikation. Versuchen Sie immer, die Gefühle und Perspektiven Ihres Partners anzuerkennen, auch wenn Sie anderer Meinung sind.

Ein allgemeiner Grundsatz, den wir kennen müssen, ist, dass Männer typischerweise wollen, dass Probleme sofort gelöst werden, während Frauen die Dinge mehr besprechen und einen Konsens über die beste Vorgehensweise erzielen möchten. Männer neigen dazu, in ihrem Kommunikationsstil aufgabenorientierter zu sein, während Frauen eher prozessorientiert sind. Berücksichtigen Sie dabei stets die Perspektiven des anderen.

Indem Sie in Ihrer Kommunikation Verständnis und Verbindung in den Vordergrund stellen, bleiben Vertrauen und Intimität in Ihrer Beziehung mit Sicherheit länger bestehen.

Konstruktiver Umgang mit Konflikten und Meinungsverschiedenheiten

Konflikte sind ein natürlicher Bestandteil jeder Beziehung, aber die Art und Weise, wie wir mit Konflikten umgehen, entscheidet über die Gesundheit und Langlebigkeit unserer Partnerschaften. Der konstruktive Umgang mit Konflikten und Meinungsverschiedenheiten erfordert Geduld, Einfühlungsvermögen und Kompromissbereitschaft.

Stellen Sie sich vor, Sie befinden sich mitten in einer Meinungsverschiedenheit mit Ihrem Partner und fühlen sich beide frustriert und missverstanden. Anstatt auf Schuldzuweisungen oder Abwehrhaltungen zurückzugreifen, gehen Sie die Situation mit Neugier und Einfühlungsvermögen an. Sie hören sich die Perspektiven des anderen an und suchen nach Gemeinsamkeiten und Lösungen, die Ihren beider Bedürfnissen gerecht werden. Der Umgang mit Konflikten sollte ein Lernprozess sein, da nicht alles an einem Tag perfekt sein kann. Sie müssen erkennen, wie wichtig es ist, in hitzigen Momenten einen Schritt zurückzutreten, um sich abzukühlen und die Perspektive wiederzuerlangen, und wie wertvoll es ist, „Ich"-Aussagen zu verwenden, um Ihre Gefühle auszudrücken, ohne die Situation zu eskalieren.

Durch Geduld und Verständnis können Sie Konflikte in Ihrer Beziehung lösen und so die Bindung zwischen Ihnen beiden stärken.

Kapitel drei

FINANZEN UND GELDVERWALTUNG

Geld ist ein wichtiger Aspekt jeder Beziehung, und die Art und Weise, wie Paare ihre Finanzen verwalten, kann einen tiefgreifenden Einfluss auf ihr allgemeines Wohlbefinden und Glück haben. Unsere Einstellungen und Verhaltensweisen gegenüber Geld werden oft von unseren Erfahrungen und unserer Erziehung geprägt. Daher ist es von entscheidender Bedeutung, den finanziellen Hintergrund des anderen zu verstehen, um Transparenz, Vertrauen und die Abstimmung Ihrer finanziellen Ziele und Prioritäten zu fördern. Ohne „Fragen stellen" kann man das alles nicht erfahren. Fragen im Zusammenhang mit früheren Gelderinnerungen und der Herangehensweise seiner/ihrer Familie an Budgetierung und Sparen.

Wenn Sie Fragen zum individuellen finanziellen Hintergrund und zum erzieherischen Umgang mit Geld stellen, können Sie auch mehr über die früheren Erfahrungen Ihres Ehepartners mit Geld erfahren, da diese Dinge oft seine Einstellung und sein Verhalten gegenüber Geld prägen.

Ohne dies erhalten Sie keinen wertvollen Einblick in die jeweiligen Ansätze zur Budgetierung, zum Sparen und zum Ausgeben.

Auch beim Umgang mit Finanzen in Beziehungen ist die Festlegung gemeinsamer finanzieller Ziele sehr wichtig. Dies ist für den Aufbau einer starken und einheitlichen finanziellen Zukunft als Paar von entscheidender Bedeutung. Nachdem Sie dies getan haben, legen Sie gemeinsame Ziele und Prioritäten fest, anhand derer Sie gemeinsam an der Verwirklichung von Träumen und Bestrebungen arbeiten können.
Es ist sehr wichtig, gemeinsam mit Ihrem Partner über Ihre gemeinsamen finanziellen Ziele und Träume für die Zukunft nachzudenken. Sie können Ihre Wünsche in Bezug auf Wohneigentum, Reisen, Bildung, Ruhestand und alle anderen finanziellen Meilensteine besprechen, die Sie gemeinsam erreichen möchten. Indem Sie Ihre finanziellen Ziele aufeinander abstimmen, erstellen Sie einen Fahrplan für Ihre finanzielle Reise als Paar.

Gemeinsame finanzielle Ziele festlegen; Besprechen Sie zunächst Ihre individuellen finanziellen Wünsche und Prioritäten.

- Identifizieren Sie Bereiche mit Überschneidungen und gemeinsamem Interesse und arbeiten Sie zusammen, um Ihre gemeinsamen Ziele zu priorisieren.

- Satz **SCHLAU** Ziele, die realistisch und erreichbar sind.

S – Spezifisch
M – messbar
A – erreichbar
R – Relevant
T – Zeitgebunden

- Erstellen Sie einen Plan, um Ihren Fortschritt im Laufe der Zeit zu verfolgen.

Es ist wichtig, gemeinsame finanzielle Ziele festzulegen, die gemeinsame Werte und Bestrebungen widerspiegeln. Dazu können zuvor genannte kluge Ziele gehören, etwa das Sparen für eine Anzahlung für ein Haus, die Tilgung von Schulden, der Aufbau eines Notfallfonds oder die Planung für den Ruhestand.

Indem wir unsere gemeinsamen finanziellen Ziele identifizieren und sie basierend auf unseren Werten und unserem Zeitplan priorisieren, können wir gemeinsam darauf hinarbeiten, diese zu erreichen. Es hilft Ihnen auch dabei, in Ihrer finanziellen Beziehung ein Gefühl der Partnerschaft und des gemeinsamen Ziels zu schaffen.

Eine Strategie, die dazu beitragen würde, die finanzielle Beziehung von Paaren zu stärken, ist die Entwicklung eines gemeinsamen Budgets und Finanzplans. Dies ist

sehr wichtig für die effektive Verwaltung der Finanzen als Paar. Sie müssen beide einen klaren Rahmen für Einnahmen, Ausgaben und Ersparnisse schaffen.
Sie müssen beide ausführlich über das gemeinsame Einkommen diskutieren und ein gemeinsames Budget und einen Finanzplan für die kommenden Monate und Jahre entwerfen. Weitere Dinge, die es zu besprechen gilt, sind Fixkosten, variable Ausgaben und die jeweiligen Sparziele des jeweils anderen, wobei die Ressourcen entsprechend Ihren gemeinsamen Prioritäten und Zielen zugewiesen werden müssen. Daher wird diese Diskussion dazu beitragen, ein Gefühl der Verantwortlichkeit und Transparenz in Ihrer finanziellen Beziehung zu schaffen oder zu schaffen.

Die notwendigen Informationen müssen von beiden Parteien eingeholt werden. Dabei müssen wir nicht vergessen, dass wir ein Bild davon haben müssen, wie Ihre Fixkosten aussehen können, diese identifizieren müssen (z. B. Miete oder Hypothekenzahlung, Nebenkosten und Versicherungsprämien) und variable Kosten (z. B wie Lebensmittel, Restaurantbesuche und Unterhaltung).
Investieren Sie einen Teil Ihres Einkommens in Ersparnisse und Investitionen und sorgen Sie so dafür, dass Sie gemeinsam eine sichere finanzielle Zukunft aufbauen.

Überprüfen Sie Ihr Budget regelmäßig, um Ihren Fortschritt zu verfolgen und bei Bedarf Anpassungen vorzunehmen. Damit schaffen Sie eine solide Grundlage für finanzielle Stabilität und Sicherheit als Paar.

Möglicherweise müssen Sie Fragen stellen: Wie können Ihre Partner den Finanzplan anpassen, um veränderten Umständen oder Zielen Rechnung zu tragen?
Hören Sie sich ihre Meinung an, teilen Sie auch Ihre Meinung und entscheiden Sie sich für die beste Schlussfolgerung, um Konflikte im Zusammenhang mit Geld später als Paar zu vermeiden.

Kapitel Vier

INTIMÄT UND BEZIEHUNGSERWARTUNG EN

Im Bereich der wahren Liebe navigieren Paare durch die Bereiche körperlicher Zuneigung, Rollen und Verantwortlichkeiten sowie den Balanceakt zwischen Karriereambitionen und Haushaltspflichten.
Intimität, das Lebenselixier romantischer Beziehungen, umfasst eine Vielzahl von Ausdrucksformen, von zärtlichen Umarmungen bis hin zu gemeinsamen Verletzlichkeiten. Doch unter der Oberfläche verbirgt sich ein Geflecht individueller Erwartungen und Vorlieben, das darauf wartet, enthüllt und angenommen zu werden.

Die Geschichte von mir und meinem Partner Precious ist eine davon, über die ich in diesem Kapitel gerne kurz sprechen würde. Unsere Reise durch die Intimität war von Divergenzen geprägt. Precious, ein Anhänger körperlicher Zuneigung, fand Trost in der Wärme einer Umarmung oder der Sanftheit eines Kusses, während ich als Mensch in meinen Zuneigungen zurückhaltender war

und mich schwer tat, meine Liebe in offenen Gesten auszudrücken.
Unsere Reise offenbarte die Kraft des Verständnisses und des Kompromisses, während wir das empfindliche Gleichgewicht zwischen unseren unterschiedlichen Erwartungen bewältigten.
In diesem Bereich der Intimität könnten Fragen als Leitsterne auftauchen, die den Weg zum gegenseitigen Verständnis erhellen: Fragen, bei denen Sie Ihren Partner fragen, wie er seine Zuneigung ausdrückt.

Im Zufluchtsort des offenen Dialogs offenbaren die Partner ihre innersten Wünsche und Ausdrucksformen der Liebe. Für einige liegt Intimität in der sanften Liebkosung einer Hand, während sie für andere in den ruhigen Momenten gemeinsamer Verletzlichkeit liegt. Indem Paare diese vielfältigen Ausdrucksformen annehmen, fördern sie tiefere Verbindungen und bereichern ihre Bindung.

Wenn Partner die Landschaft der Liebe durchqueren, stoßen sie auf das Terrain der Rollen und Verantwortlichkeiten, wo Arbeitsteilung und gemeinsame Pflichten die Konturen ihrer Beziehung prägen. In diesem Bereich dienen Klarheit und Kommunikation als Kompasse, die Paare zu einem harmonischen Gleichgewicht führen.

Stellen Sie sich ein Paar vor, das im Labyrinth widersprüchlicher Erwartungen gefangen ist. Als engagierte Berufstätige kämpften sie mit dem heiklen Balanceakt zwischen Karriereambitionen und häuslichen Pflichten. Ohne klare Kommunikation und Arbeitsteilung geriet ihre Beziehung an den Rand des Ungleichgewichts.

Möglicherweise müssen Sie Fragen stellen, z. B. wie sich Ihr Partner die Aufteilung von Haushaltspflichten und Hausarbeiten in der Beziehung vorstellt. Aber im Schmelztiegel gemeinsamer Verantwortung begeben sich Paare auf eine Reise der Zusammenarbeit und des Kompromisses. Indem sie die Stärken und Vorlieben des anderen wertschätzen, pflegen sie ein Gefühl der Einheit und Partnerschaft und legen den Grundstein für eine blühende Beziehung.

Sie müssen sich fragen, wie diese traditionelle Geschlechterrolle Ihre Beziehung beeinflussen kann. Aber ich glaube, dass in einer echten Partnerschaft auch traditionelle Geschlechterrollen als Fäden der Vertrautheit oder Zwänge dienen können, die es zu hinterfragen gilt. Aber durch offenen Dialog und gegenseitigen Respekt navigieren Paare dieses Terrain mit Anmut und Verständnis und bahnen sich einen Weg, der ihre gemeinsamen Werte und Bestrebungen widerspiegelt. Dennoch müssen alle diese Fragen gestellt werden.

Es wird oft gesagt, dass Paare mit der schwierigen Balance zwischen Berufswünschen, Haushaltspflichten und Kinderbetreuungspflichten konfrontiert sind. Daher stellen sich Fragen wie; Wie stellen Sie sich vor, dass wir in unserer Beziehung Berufswünsche mit Haushaltspflichten und Kinderbetreuungspflichten vereinbaren können?
Über welche Unterstützungssysteme verfügen Sie bei der Bewältigung von Haushaltspflichten und der Kinderbetreuung?

Schätzen Sie bei so viel Offenheit und Respekt den Standpunkt Ihres Partners hinsichtlich der Antwort auf die gestellten Fragen.

Liebe, Kommunikation und Verständnis bilden die Fäden, die Paare zusammenhalten und ein Meisterwerk gemeinsamer Träume und Sehnsüchte schaffen. Durch offenen Dialog und gegenseitigen Respekt bewältigen Partner die Komplexität von Intimität, Rollen und Verantwortlichkeiten und ebnen den Weg zu einer tieferen Verbindung und dauerhaften Harmonie.

Kapitel fünf

GESUNDHEIT UND WOHLBEFINDEN

Auf dem Weg der Liebe und Partnerschaft ist die Förderung der Gesundheit und des Wohlbefindens beider Menschen von größter Bedeutung.
In diesem Kapitel beginnen wir mit einer ganzheitlichen Untersuchung der körperlichen und geistigen Gesundheit, der Wahl des Lebensstils und der Strategien zur gegenseitigen Unterstützung des Wohlbefindens.

Beurteilung der körperlichen und geistigen Gesundheitsgeschichte

Unsere körperliche und geistige Gesundheitsgeschichte prägt die Landschaft unseres Lebens und beeinflusst unsere gegenwärtigen Erfahrungen und zukünftigen Bestrebungen. Durch offenen Dialog und mitfühlendes Verständnis begeben sich Paare auf eine Reise der Selbstfindung und gegenseitigen Unterstützung.
Nützliche Fragen, die Sie Ihrem Partner in diesem Zusammenhang stellen sollten;

- Frage 1: Welche Erfahrungen haben Sie mit der körperlichen und geistigen Gesundheit gemacht und wie haben diese Ihre Reise beeinflusst?

- Frage 2: Wie haben vergangene Herausforderungen oder Erfolge Ihren aktuellen Ansatz für Gesundheit und Wohlbefinden geprägt?
- Frage 3: Welche Bewältigungsmechanismen oder Strategien haben Sie entwickelt, um mit Stress oder schwierigen Emotionen umzugehen?
- Frage 4: Haben Sie jemals professionelle Hilfe oder Therapie wegen psychischer Probleme in Anspruch genommen? Wenn ja, wie hat sich diese Erfahrung auf Sie ausgewirkt?
- Frage 5: Welche Rolle spielen Bewegung und körperliche Aktivität in Ihrem Leben und wie tragen sie zu Ihrem allgemeinen Wohlbefinden bei?
- Frage 6: Wie priorisieren Sie die Selbstfürsorge in Ihrem Alltag und welche Aktivitäten oder Praktiken vermitteln Ihnen ein Gefühl von Frieden und Erholung?
- Frage 7: Hatten Sie in der Vergangenheit schwerwiegende gesundheitliche Probleme oder Erkrankungen und wie haben diese Ihre Einstellung zum Leben und zu Beziehungen beeinflusst?
- Frage 8: Was halten Sie von Medikamenten und alternativen Therapien zur Behandlung psychischer Erkrankungen?

- Frage 9: Wie kommunizieren Sie Ihre Bedürfnisse und Grenzen in Bezug auf körperliche und geistige Gesundheit in einer Beziehung?
- Frage 10: Welche Rolle spielen familiäre und soziale Unterstützungsnetzwerke für Ihre Gesundheit und Ihr Wohlbefinden und wie pflegen Sie diese Verbindungen?

Das Verstehen und Annehmen der körperlichen und geistigen Gesundheitsgeschichte des anderen ist von grundlegender Bedeutung für die Förderung von Empathie, Unterstützung und Belastbarkeit in einer Beziehung.

Besprechen von Lebensstilentscheidungen und -gewohnheiten

Die Erforschung von Lebensstilentscheidungen und -gewohnheiten ist für die Förderung der Harmonie und des Gleichgewichts innerhalb einer Beziehung von entscheidender Bedeutung. Durch den offenen Dialog und die gemeinsame Zielsetzung legen Paare den Grundstein für ein gesundes und erfülltes Zusammenleben.

Auf einer Entdeckungsreise ist es sehr wichtig, mit Ihrem Partner über Ihren Lebensstil und Ihre Gewohnheiten zu sprechen, um eine gemeinsame Vision für das Wohlbefinden zu entwickeln.

- Frage 1: Was denken Sie über Ernährung und ihre Auswirkungen auf die allgemeine Gesundheit und das Wohlbefinden?

- Frage 2: Wie integrieren Sie körperliche Aktivität in Ihren Alltag und welche Arten von Bewegung machen Ihnen Spaß?

- Frage 3: Welche Rolle spielen Schlaf und Entspannung in Ihrem Leben und wie priorisieren Sie erholsame Praktiken?

- Frage 4: Wie gehen Sie mit Stress um und fördern Ihre Widerstandsfähigkeit angesichts der Herausforderungen des Lebens?

- Frage 5: Gibt es Gewohnheiten oder Verhaltensweisen, die Sie für mehr Gesundheit und Wohlbefinden ändern oder verbessern möchten?

- Frage 6: Wie meistern Sie soziale Situationen und den Gruppenzwang, wenn es um Lebensstilentscheidungen wie Ernährung und Bewegung geht?

- Frage 7: Was denken Sie über Alkohol-, Tabak- und Substanzkonsum und welchen Einfluss haben diese auf Ihre Lebensstilentscheidungen?

- Frage 8: Wie bringen Sie Arbeit, Freizeit und Privatzeit unter einen Hut, um ein Gefühl von Ausgeglichenheit und Erfüllung zu bewahren?

- Frage 9: Welche Rolle spielen Achtsamkeit und Selbsterkenntnis in Ihrem Umgang mit Gesundheit und Wohlbefinden?

- Frage 10: Wie stellen Sie sich die Schaffung einer gesunden und unterstützenden Umgebung zu Hause vor, die das Wohlbefinden beider Partner fördert?

Hier sind Fragen, die sich mit der Geschichte des Lebensstils und der Gewohnheiten Ihres Partners befassen und Ihnen die Gewissheit geben, dass Sie auf der gemeinsamen Reise gute Gesundheit und Wohlbefinden haben.

Erstellen eines Plans zur gegenseitigen Unterstützung der Gesundheit und des Wohlbefindens

Über Partnerschaft zu sprechen und die Gesundheit und das Wohlbefinden des anderen zu unterstützen, wird zu einer heiligen Verpflichtung, einem Zeugnis von Liebe und Mitgefühl. Aber durch bewusste Planung und gegenseitige Unterstützung können Paare einen Weg zum gemeinsamen Gedeihen und Gedeihen finden.

Partner, denen das Wohlergehen des anderen am Herzen liegt, könnten Pläne ausarbeiten, um die Gesundheit und das Wohlbefinden des anderen zu unterstützen. Dies kann effektiv erreicht werden, wenn Fragen wie die unten hervorgehobenen gestellt werden.

- Frage 1: Wie können wir uns täglich gegenseitig bei der Gesundheit und dem Wohlbefinden unterstützen?

- Frage 2: Welche Ressourcen und Unterstützungssysteme können wir nutzen, um unser Wohlbefinden als Paar zu verbessern?

- Frage 3: Wie bewältigen wir Unterschiede in unseren Gesundheits- und Wellnessprioritäten und unterstützen gleichzeitig die Bedürfnisse des anderen?

- Frage 4: Welche Rolle spielen gemeinsame Aktivitäten und Rituale für das gegenseitige Wohlbefinden?

- Frage 5: Wie können wir uns gegenseitig für die Aufrechterhaltung gesunder Gewohnheiten und Lebensstile verantwortlich machen?

- Frage 6: Wie gehen wir potenzielle Herausforderungen oder Hindernisse an, die auf unserem Weg zu mehr Gesundheit und Wohlbefinden auftreten können?

- Frage 7: Wie schaffen wir einen sicheren und unterstützenden Raum, um gesundheitliche Bedenken zu besprechen und bei Bedarf Hilfe zu suchen?

- Frage 8: Was sind unsere langfristigen Gesundheits- und Wellnessziele als Paar und wie arbeiten wir zusammen, um diese zu erreichen?

- Frage 9: Wie feiern wir unsere Erfolge und Meilensteine auf unserem Weg zu mehr Gesundheit und Wohlbefinden?

Kapitel Sechs

ZUKUNFTSPLÄNE UND LEBENSZIELE

Die Schönheit einer Partnerschaft liegt in den gemeinsamen Träumen und Sehnsüchten, die das Gefüge eines gemeinsamen Lebens bilden. Im Bereich der Zukunftspläne und Lebensziele legen Paare den Grundstein für ihre Reise nach vorne und verweben die Fäden ihrer individuellen Ambitionen zu einem Geflecht gegenseitiger Unterstützung und Zusammenarbeit.

Wenn Partner sich auf diese Erkundung begeben, werden sie mit schwierigen Fragen konfrontiert, die den Weg zur Ausrichtung und zum Verständnis erhellen:

1. Was sind Ihre langfristigen Karriereziele und wie stellen Sie sich vor, diese mit unserer Beziehung in Einklang zu bringen?
2. Wie definieren Sie Erfolg und Erfüllung in Ihrem Privat- und Berufsleben und wie können wir uns gegenseitig dabei unterstützen, diese Ziele zu erreichen?
3. Welche Rolle spielen Familie und Kinder in Ihrer Zukunftsvision und wie stellen Sie sich vor, die

Verantwortung der Elternschaft gemeinsam zu meistern?

4. Wie priorisieren Sie finanzielle Stabilität und Sicherheit in Ihrem Leben und welche Schritte sind Sie bereit zu unternehmen, um diese Ziele als Paar zu erreichen?
5. Was halten Sie von der geografischen Lage und den Wohnverhältnissen und wie stellen Sie sich vor, gemeinsam sesshaft zu werden und ein Zuhause zu schaffen?
6. Wie bewältigen Sie potenzielle Unterschiede in den Werten und Prioritäten, wenn es um Zukunftspläne geht, und wie können wir eine gemeinsame Basis finden, um gemeinsam voranzukommen?
7. Wie gehen Sie mit der Idee des persönlichen Wachstums und der Selbstverbesserung um und wie können wir uns gegenseitig dabei unterstützen, unsere individuellen Leidenschaften und Interessen zu verfolgen?

Wenn sich Paare an diesen Gesprächen beteiligen, vertiefen sie ihr Verständnis für die Hoffnungen, Träume und Sehnsüchte des anderen und schaffen so einen Weg in eine Zukunft voller unerschütterlichem Engagement und gemeinsamer Vision. Diese Zukunftspläne und Lebensziele werden vor allem als Beweis für die tiefe

Verbundenheit und den gemeinsamen Zweck dienen, die Paare miteinander verbinden.

Wenn Partner die Komplexität der Ausrichtung ihrer individuellen Wege durchlaufen, gehen sie stärker, widerstandsfähiger und tiefer verbunden hervor und sind bereit, sich gemeinsam auf die Reise ihres Lebens zu begeben.

Kapitel sieben

RELIGION UND SPIRITUELLE GLAUBEN

Um in einer Beziehung spirituell zu sein, geht es um mehr als nur darum, ob man dieselbe Moschee, Kirche oder denselben Tempel besucht. Unsere religiösen und spirituellen Überzeugungen beeinflussen nicht nur die Art und Weise, wie wir unsere Kinder erziehen, sondern auch, wie wir unsere Zeit und Finanzen verbringen. Sie beeinflussen auch die Freundschaften, die wir pflegen. In diesem Kapitel werde ich die typischen Fehler besprechen, die Partner machen, wenn ihre Religionen oder spirituellen Überzeugungen voneinander abweichen. Einiges davon wird deutlich, wenn es darum geht, mit unterschiedlichen Überzeugungen in Ihrer Beziehung umzugehen.

Es muss nicht Einstein sein, um zu erkennen, dass Sie Schwierigkeiten haben werden, wenn Sie beispielsweise viel Zeit im Gebet verbringen und an Gott glauben, Ihr Partner aber Atheist ist und das ganze Gerede über Gott für Unsinn hält. Es kann auch zu Problemen führen, wenn Sie sehr spirituell sind und Kristalle in Ihrer Tasche tragen, weil Sie denken, Sie seien ein

energiegeladenes Wesen – Ihr Partner aber denkt, das sei alles Unsinn.
Daher geht dieses Kapitel über die Religion hinaus und umfasst auch Ihre spirituellen Praktiken.

Eine kurze Geschichte

Ungefähr 70 % der Amerikaner heiraten immer noch Mitglieder ihres eigenen Glaubens. Die gleiche Studie zeigt jedoch auch, dass die Heirat innerhalb der eigenen Religion nicht mehr so wichtig ist wie früher. Und was mich daran am meisten fasziniert, ist, dass die überwiegende Mehrheit dieser interreligiösen Verbindungen zwischen Christen und nichtreligiösen Personen besteht.
Sie wissen, wie sehr ich dieses Zeug liebe – ich fand es auch interessant, dass mit zunehmendem Alter der Amerikaner ihre religiösen Überzeugungen für sie immer wichtiger werden! Wenn Sie also über einen längeren Zeitraum zusammenbleiben, werden spirituelle Differenzen, die in den ersten Jahren Ihrer Beziehung möglicherweise kein Problem darstellten, wahrscheinlich zu einem Problem.

Aber als ich alle weltweiten Forschungsergebnisse durchlas, stieß ich auf eine umfangreiche Studie, die routinemäßig in 48 verschiedenen Ländern durchgeführt wird. Und das wichtigste Ergebnis, das meiner Meinung nach für dieses Gespräch relevant ist, ist, dass es in den letzten zehn Jahren erhebliche Veränderungen in der Identifikation der Menschen als religiös vs. spirituell gegeben hat. Insbesondere die Zahl der Befragten, die angaben, sie seien spiritueller, nahm zu, während die Befragten, die sich angaben, religiöser zu sein, zurückgingen.

Eigentlich gibt es zwei Gruppen:

Meiner Meinung nach gibt es zwei Arten von Paaren, wenn es darum geht, mit unterschiedlichen spirituellen Ansichten umzugehen. Die erste Möglichkeit besteht darin, zwei unterschiedlichen Glaubensrichtungen zu folgen. Nehmen wir zum Beispiel an, Ihr Partner ist Muslim oder Jude und Sie sind Christ.

Die andere Kategorie von Paaren besteht aus einem Ehepartner, der eine Religion oder einen spirituellen Weg praktiziert, und dem anderen, der Agnostiker oder Atheist ist. Um Zweifel auszuschließen, möchte ich diese Begriffe kurz definieren: Ein Agnostiker ist jemand, der an der Möglichkeit zweifelt, mit Sicherheit zu wissen, ob Gott existiert, während ein Atheist jemand ist, der jeglichen Glauben an Gott ablehnt.

Ob Sie es glauben oder nicht, ich denke, dass es für Paare, die unterschiedliche Religionen praktizieren, etwas einfacher sein kann, da Sie immer noch einen Weg finden können, spirituell zusammenzukommen, auch wenn Ihre Überzeugungen dies nicht tun. Schwieriger kann es für Paare sein, bei denen ein Partner spirituell praktiziert und der andere nicht. Dennoch ist es für beide Arten von Paaren wichtig, die Kultur und den Glauben Ihres Hauses und Ihrer Beziehung zu wählen.

<u>Häufige Fehler unter Partnern hinsichtlich unterschiedlicher spiritueller Ansichten</u>

1. Ich spreche nicht über die Ungleichheiten vor der Ehe (oder auch nur über ernsthafte Liebesbeziehungen). Ich glaube, dass die Menschen ihren Kopf in den Wolken halten und glauben, dass die Liebe über alles triumphieren wird, weil sie nicht darüber diskutieren wollen, weil sie erkennen, dass es ein Deal Breaker sein könnte.
2. Zu glauben, dass die Dinge „von selbst klappen“ oder „wir lassen sie wählen“, und den spirituellen Erziehungsstil, den Sie Ihren Kindern gegenüber anwenden, nicht zu akzeptieren.
3. Religiöse Bräuche und das, was akzeptabel oder inakzeptabel ist, nicht im Voraus ansprechen.
4. Sie recherchieren nicht über die Religion Ihres Ehepartners und glauben, dass seine Überzeugungen wichtiger sind als Ihre.
5. Vermeiden Sie Gespräche, weil Sie glauben, dass es keinen Raum für Kompromisse oder Gemeinsamkeiten gibt.
6. Sie glauben, dass Ihre Ansichten die einzigen sind, die „richtig“ sind, oder Sie versuchen,

Ihrem Partner Ihre Überzeugungen aufzuzwingen.

7. Viel zu viele externe Standpunkte zu diesem Thema eingeholt.
8. Förderung von Rivalität oder Abwehrhaltung jeglicher Art rund um die Feiertage.

Dies sind häufige Fehler, die auftreten können. Daher kann der Stellenwert des Fragens nicht genug betont werden, insbesondere als typischer Aspekt in Beziehungen.

Drei Strategien, um Harmonie und Frieden zu finden

1. Respektieren und unterstützen Sie die Überzeugungen des anderen.
2. Lernen und akzeptieren Sie die Überzeugungen oder Standpunkte des anderen.
3. Identifizieren Sie Ihre gemeinsamen Grundwerte, denn das sind die Dinge, die Partner zusammenhalten und gedeihen.

Kapitel Acht

FAMILIE UND SOZIALE BEZIEHUNGEN

Im komplexen Netzwerk menschlicher Verbindungen sind familiäre und soziale Beziehungen das Rückgrat unserer Unterstützungssysteme und das Gefüge unseres Lebens. In diesem Kapitel befassen wir uns mit der Dynamik familiärer Bindungen, der Bewältigung der Komplexität von Schwiegerbeziehungen und der Pflege von Freundschaften über die Grenzen unserer romantischen Partnerschaft hinaus.

Beziehung zu Familienmitgliedern verstehen

Unsere Verbindungen zu Familienmitgliedern prägen unsere Identität, Werte und Weltanschauung und beeinflussen die Art und Weise, wie wir uns in der Welt zurechtfinden und mit anderen interagieren. Im Rahmen unserer Partnerschaft ist es von entscheidender Bedeutung, diese Bindungen zu erforschen und zu verstehen und so Empathie, Respekt und Harmonie zu fördern.

In dieser Untersuchung werden Paare mit herausfordernden Fragen konfrontiert, die Aufschluss über familiäre Interaktionen geben:

- Wie gehen wir mit Meinungsverschiedenheiten oder Meinungsverschiedenheiten mit unseren Familien um und treten gleichzeitig als Paar geeint auf?
- Welche Rollen stellen wir uns von unseren erweiterten Familienmitgliedern in unserem Leben vor und wie kommunizieren wir Grenzen effektiv?
- Wie bringen wir unsere Zeit und Aufmerksamkeit zwischen unserer Beziehung und unseren Verpflichtungen gegenüber unseren Familien in Einklang?
- Welche kulturellen Traditionen und Werte möchten wir bewahren und in unser gemeinsames Leben integrieren?
- Wie können wir uns gegenseitig bei der Bewältigung komplexer familiärer Beziehungen oder Situationen unterstützen?

Grenzen und Erwartungen mit Schwiegereltern festlegen

Die Beziehung zu den Schwiegereltern kann sowohl Freude als auch Herausforderungen in eine Partnerschaft bringen. Durch die Diskussion von Grenzen, Erwartungen und gegenseitigem Respekt legen Paare den Grundstein für gesunde und harmonische Interaktionen mit ihren weiteren Familienmitgliedern.

In diesem Bereich beschäftigen sich Paare mit Fragen, die zum Nachdenken anregen:

- Welche Erwartungen haben wir an die Unterstützung und Beteiligung unserer jeweiligen Schwiegereltern und wie kommunizieren wir diese Erwartungen effektiv?
- Wie gehen wir mit unseren Schwiegereltern mit Unterschieden in den kulturellen Hintergründen, Traditionen und Werten um?
- Welche Grenzen müssen wir setzen, um Autonomie und Privatsphäre in unserer Beziehung zu wahren?
- Wie gehen wir Konflikte oder Meinungsverschiedenheiten mit unseren Schwiegereltern an und wahren gleichzeitig die Integrität unserer Partnerschaft?

- Welche Strategien können wir anwenden, um sicherzustellen, dass sich beide Partner im Umgang mit den Familien des anderen respektiert und wertgeschätzt fühlen?

Soziales Leben und Freundschaften außerhalb der Beziehung verwalten

Während romantische Partnerschaften für unser soziales Unterstützungsnetzwerk von zentraler Bedeutung sind, sind die Aufrechterhaltung von Verbindungen zu Freunden und die Teilnahme an sozialen Aktivitäten außerhalb der Beziehung von entscheidender Bedeutung für persönliches Wachstum, Erfüllung und Ausgeglichenheit.

Bei der Erkundung dieses Aspekts ihres Lebens setzen sich Paare mit herausfordernden Fragen auseinander:

- Welche Rolle spielen Freundschaften in unserem individuellen Leben und wie legen wir Wert darauf, diese Verbindungen zu pflegen und gleichzeitig eine starke Bindung zueinander aufrechtzuerhalten?
- Wie bewältigen wir Unterschiede in den sozialen Vorlieben und Interessen und stellen sicher, dass

sich beide Partner in ihren sozialen Interaktionen unterstützt und erfüllt fühlen?

- Welche Grenzen müssen wir in Bezug auf die Zeit, die wir mit Freunden verbringen, und bei sozialen Aktivitäten setzen, um die individuellen Bedürfnisse mit den Bedürfnissen der Partnerschaft in Einklang zu bringen?
- Wie unterstützen wir uns gegenseitig dabei, neue Freunde zu finden und sie in unser soziales Umfeld zu integrieren?
- Wie gehen wir mit Konflikten oder Meinungsverschiedenheiten im Zusammenhang mit sozialen Aktivitäten oder Freundschaften um und fördern offene Kommunikation und gegenseitiges Verständnis?

Durch die Bewältigung familiärer und sozialer Beziehungen vertiefen Paare ihre Verbindung, stärken ihre Bindung und legen den Grundstein für ein erfülltes und harmonisches Zusammenleben. Durch offenen Dialog, Empathie und gegenseitige Unterstützung ebnen sie den Weg zum Aufbau eines unterstützenden Beziehungsnetzwerks, das ihr Leben bereichert und ihre Partnerschaft über Jahre hinweg aufrechterhält.

Kapitel Neun

VERGANGENE ERFAHRUNGEN UND GEPÄCK

Vergangene Erfahrungen und emotionaler Ballast prägen das Gefüge dessen, wer wir sind, und beeinflussen die Dynamik unserer Beziehungen. In diesem Kapitel werden wir eine Reihe von Fragen durchgehen, die sich mit dem Teilen persönlicher Geschichten, der Auseinandersetzung mit vergangenen Traumata oder Beziehungsmustern und der Schaffung eines sicheren Raums für Verletzlichkeit und Heilung in der Partnerschaft befassen. Unsere persönliche Geschichte ist ein Mosaik aus Freuden, Sorgen, Triumphen und Rückschlägen, die uns zu den Menschen geformt haben, die wir heute sind. Es ist am besten, wenn wir diese Fragen offen und ehrlich teilen, sobald wir sie gestellt haben.

Ich weiß, dass vergangene Traumata oder negative Beziehungsmuster bei vielen einen Schatten auf unser gegenwärtiges Leben werfen und unsere Gedanken, Gefühle und Verhaltensweisen beeinflussen können. Im Rahmen unserer Partnerschaft ist es wichtig, diese

Wunden mit Mitgefühl, Empathie und der Bereitschaft zur gemeinsamen Heilung anzugehen. Während der Heilung müssen Sie und Ihr Partner ein tiefes Gefühl des gegenseitigen Vertrauens, der Intimität und der Verbundenheit entwickeln, das als Grundlage für eine belastbare und dauerhafte Partnerschaft dient. Dies kann nur erreicht werden, indem wir einen sicheren Raum füreinander schaffen, in dem wir unsere Gefühle, Ängste und Verwundbarkeiten zum Ausdruck bringen können, um gegenseitige Heilung und Wachstum zu unterstützen.

Um dies zu bewältigen, müssen sich die Partner mit einigen schwierigen Fragen auseinandersetzen, die im Folgenden beleuchtet werden.

- Wie schaffen wir eine sichere und unterstützende Umgebung für den Austausch unserer persönlichen Geschichten und vergangenen Erfahrungen?
- Welche bedeutenden Ereignisse oder Meilensteine haben unser Leben geprägt und wie haben sie unsere Perspektiven und Verhaltensweisen beeinflusst?
- Gibt es Aspekte unserer Vergangenheit, die wir zögernd oder unwohl fühlen, wenn wir sie miteinander teilen? Wenn ja warum?
- Wie wirken sich unsere vergangenen Erfahrungen mit der Familie, früheren Beziehungen oder Lebensereignissen auf unsere aktuellen Wahrnehmungen

und Verhaltensweisen innerhalb unserer Partnerschaft aus?

- Welche Erwartungen haben wir daran, wie unser Partner auf uns reagieren und uns unterstützen wird, wenn wir unsere persönlichen Geschichten teilen?
- Welche Traumata oder negativen Beziehungsmuster haben wir in der Vergangenheit erlebt und wie wirken sie sich weiterhin auf uns aus?
- Gibt es bestimmte Auslöser oder Situationen, die aufgrund vergangener Traumata oder Beziehungserfahrungen starke emotionale Reaktionen hervorrufen?
- Wie unterstützen wir uns gegenseitig bei der Verarbeitung und Heilung vergangener Wunden und respektieren gleichzeitig die Grenzen und Bedürfnisse des anderen?
- Gibt es ungesunde Bewältigungsmechanismen oder Verhaltensweisen, die wir aufgrund vergangener Traumata oder Beziehungsmuster entwickelt haben? Wenn ja, wie können wir zusammenarbeiten, um sie anzugehen?
- Welche Strategien können wir umsetzen, um zu verhindern, dass sich vergangene Traumata oder Beziehungsmuster negativ auf unsere aktuelle Partnerschaft auswirken?
- Wie fördern wir offene Kommunikation und emotionale Ehrlichkeit in unserer Partnerschaft und

schaffen so einen sicheren Raum für Verletzlichkeit und Heilung?
- Welche Praktiken oder Rituale können wir in unser tägliches Leben integrieren, um emotionale Intimität und Verbindung zu fördern?
- Wie reagieren wir mit Empathie, Mitgefühl und Unterstützung auf die Verwundbarkeiten und emotionalen Bedürfnisse des anderen?
- Gibt es Barrieren oder Hindernisse, die uns daran hindern, uns voll auszudrücken und miteinander verletzlich zu sein? Wenn ja, wie können wir sie überwinden?
- Welche Rolle spielen Vergebung, Akzeptanz und Belastbarkeit auf unserem Weg zur Heilung von vergangenen Erfahrungen und Ballast?

Durch die gründliche Auseinandersetzung mit Situationen rund um vergangene Erfahrungen und emotionalen Ballast vertiefen Paare ihre Verbindung, stärken ihre Bindung und legen den Grundstein für eine Partnerschaft, die auf Empathie, Verständnis und gegenseitiger Unterstützung basiert.

Durch mutige Verletzlichkeit und mitfühlende Heilung begeben Sie sich beide auf eine Reise des Wachstums, der Widerstandsfähigkeit und der tiefen Intimität, die die Wunden der Vergangenheit überwindet und den Weg für eine helle und hoffnungsvolle gemeinsame Zukunft ebnet.

Kapitel zehn

KOMPATIBILITÄT BEWERTEN UND FUNDIERTE ENTSCHEIDUNG TREFFEN

Während sich die Reise des Erkundens und Entdeckens dem Ende zuneigt, stehen die Partner an einem bedeutenden Scheideweg, an dem die von ihnen gewählten Wege den Verlauf ihrer gemeinsamen Zukunft bestimmen werden. Dieses Kapitel befasst sich mit dem Prozess der Beurteilung der Kompatibilität, der Bewertung gemeinsamer Werte und der fundierten Entscheidungsfindung über den Verlauf ihrer Beziehung.

Beim Nachdenken über die gesammelten Informationen und gewonnenen Erkenntnisse machen die Partner eine Pause, um die Fülle an Erfahrungen, Gesprächen und Emotionen zu verarbeiten, die ihre bisherige Reise geprägt haben. Sie tauchen in die Tiefen ihrer gemeinsamen Erinnerungen ein und gewinnen Weisheit und Verständnis aus den Herausforderungen, denen sie sich gestellt haben, und den Triumphen, die sie gemeinsam gefeiert haben. Diese Überlegungen dienen als Kompass und führen sie zu einem tieferen Verständnis für sich selbst und einander.

Mit neu gewonnener Klarheit richten Paare ihre Aufmerksamkeit auf die Beurteilung der Vereinbarkeit und der gemeinsamen Werte. Sie navigieren durch das komplexe Terrain ihrer Beziehung und erkunden die Nuancen ihrer Verbindung, Kommunikationsstile und Grundüberzeugungen. Durch einen offenen und ehrlichen Dialog versuchen sie, die Fäden zu entwirren, die sie miteinander verbinden, und herauszufinden, ob ihre Verbindung auf einer soliden Grundlage gegenseitigen Verständnisses und Respekts wurzelt.

In diesem Bewertungsprozess begegnen Paare der Komplexität ihrer Bindung mit Mut und Verletzlichkeit. Sie erkennen die Unterschiede an, die zwischen ihnen bestehen, und erkennen an, dass echte Kompatibilität über bloße Ähnlichkeit hinausgeht und eine echte Wertschätzung für die Stärken, Schwächen und Eigenheiten des anderen erfordert. Durch diese Selbstbeobachtung gewinnen sie unschätzbare Einblicke in die Dynamik ihrer Partnerschaft und befähigen sie, fundierte Entscheidungen über ihre gemeinsame Zukunft zu treffen.

Mit einem tieferen Verständnis für sich selbst und einander begeben sich Paare auf die letzte Phase ihrer

Reise: Sie treffen fundierte Entscheidungen über die Richtung ihrer Beziehung. Sie wägen die Risiken und Vorteile des Engagements ab und berücksichtigen dabei die Auswirkungen ihrer Entscheidungen auf ihr individuelles Wachstum und ihr kollektives Wohlbefinden. Mit unerschütterlichem Mut und Überzeugung nehmen sie die Ungewissheit der Zukunft an und vertrauen darauf, dass die Stärke ihrer Bindung sie durch alle auftretenden Herausforderungen führt.

Paare, die an der Schwelle des Möglichen stehen, nehmen das Abenteuer der Partnerschaft mit offenem Herzen und offenem Geist an. Sie sind sich darüber im Klaren, dass die vor ihnen liegende Reise voller Wendungen, Höhen und Tiefen sein wird, aber sie stehen ihr gemeinsam gegenüber, vereint in ihrer Verpflichtung, ein Leben voller Liebe, Verständnis und gegenseitiger Unterstützung aufzubauen.

Am Ende ist nicht das Ziel das Wichtigste, sondern die Reise, die sie gemeinsam unternehmen, Hand in Hand, verbunden durch die Bande der Liebe und des gemeinsamen Ziels.

Kapitel Elf

VORBEREITUNG AUF DIE EHE

Während sich der Vorhang auf der Bühne des Werbens und der Verlobung schließt, beginnt ein neues Kapitel in der Liebesgeschichte zweier Seelen, die durch das Versprechen der Ewigkeit verbunden sind.
In diesem Kapitel begeben wir uns auf die aufregende Reise der Vorbereitung auf die Ehe, eine Zeit voller Aufregung, Vorfreude und einem Hauch von Schmetterlingen im Bauch.

Inmitten der Hektik der Hochzeitsvorbereitungen und Feierlichkeiten müssen Sie und Ihr Partner sich Momente der Selbstbeobachtung und Reflexion gönnen, während Sie beide in die Welt der vorehelichen Beratung eintauchen.

Wie unerschrockene Entdecker, die in unbekannte Gewässer segeln, müssen Sie beide Rat und Weisheit von erfahrenen Seefahrern einholen, die vor Ihnen die Meere der Ehe durchquert haben. Gemeinsam begeben Sie sich auf eine Reise der Selbstfindung und des Wachstums und legen den Grundstein für eine

Partnerschaft, die auf Vertrauen, Kommunikation und gegenseitigem Verständnis basiert.

Wenn der große Tag näher rückt, müssen Sie und Ihre Partner sich möglicherweise mit den unruhigen Gewässern des Stresses und der Erwartungen vor der Hochzeit auseinandersetzen. Von der Sitzordnung bis zum Blumenarrangement, von der Gästeliste bis zur Kleideranprobe – die To-Do-Listen scheinen endlos zu sein und der Druck wächst mit jedem Tag. Doch inmitten des Chaos und der Hektik der Aktivitäten müssen Sie beide Trost in den Armen des anderen finden und Kraft aus Ihrer Liebe und Ihrem Engagement schöpfen, um gemeinsam die Stürme des Lebens zu überstehen. Mit Lachen als Kompass und Liebe als Anker meistern Sie mit Anmut, Humor und einer gesunden Portion Perspektive die Höhen und Tiefen der Nervosität vor der Hochzeit.

Wenn die letzten Teile des Puzzles zusammenpassen, stehen Sie und Ihr Partner an der Schwelle eines Neuanfangs und sind bereit, sich auf das Abenteuer Ihres Lebens einzulassen. Mit Herzen voller Liebe und Augen voller Träume stellen Sie Ihre Hochzeitspläne fertig und bereiten sich darauf vor, Ihre Verlobung vor Familie und Freunden zu feiern. Vom Austausch der Gelübde bis zum Anschneiden des Kuchens, vom ersten Tanz bis zum letzten Trinkspruch ist jeder Moment von der Magie der Liebe und dem Versprechen der Ewigkeit erfüllt.

Wie dubeide Stehen Sie Hand in Hand, umgeben von denen, die Ihnen am Herzen liegen, umarmen Sie die Freude und Schönheit dieses bedeutsamen Anlasses und genießen Sie jeden kostbaren Moment wie Siebeide Beginnen Sie Ihre Reise als Ehemann und Ehefrau. Denn in dieser heiligen Verbindung finden Sie nicht nur die Erfüllung Ihrer tiefsten Wünsche, sondern auch das Versprechen einer Zukunft voller Liebe, Lachen und endloser Abenteuer.

Wenn also die Sonne in diesem Kapitel der Vorbereitung und Vorfreude untergeht, blicken Sie hoffnungsvoll und aufgeregt nach vorne und freuen sich darauf, Hand in Hand, mit vereinten Herzen und lodernden Träumen in das nächste Kapitel Ihrer Liebesgeschichte einzutreten.

Denn auf dem Weg der Ehe ist jeder Moment eine Gelegenheit, ein neues Kapitel zu schreiben und ein Vermächtnis der Liebe zu schaffen, das die Zeit überdauert und kommende Generationen inspiriert.

Abschluss

Machen Sie es sich auf die Reise, Ihren Partner kennenzulernen

Wenn wir den Höhepunkt dieser transformativen Reise erreichen, werden wir an die tiefe Kraft von Liebe, Verständnis und Verbundenheit erinnert, die den Verlauf unseres Lebens und unserer Beziehungen prägt. Vom ersten Funken der Anziehung bis zu den tiefen Bindungen, die durch gemeinsame Erfahrungen und herzliche Gespräche geknüpft werden, ist die Reise, Ihren Partner kennenzulernen, ein heiliges und aufregendes Abenteuer, das den Grundstein für ein Leben voller Liebe, Wachstum und Erfüllung legt.

In den einzelnen Kapiteln dieses Buches haben wir uns mit den Feinheiten des Aufbaus und der Pflege einer sinnvollen Beziehung befasst und die Tiefen der Kommunikation, des Vertrauens und der Kompatibilität erkundet, die das Fundament dauerhafter Liebe bilden. Wir haben die Wendungen der Selbstfindung und des gegenseitigen Verständnisses gemeistert, Herausforderungen mit Mut und Anmut gemeistert und Siege mit Freude und Dankbarkeit gefeiert.

Mit dem Kennenlernen Ihres Partners haben wir uns auf eine Entdeckungsreise begeben und die einzigartigen Schätze entdeckt, die in den Herzen und Seelen des anderen schlummern. Wir haben gelernt, die Schönheit der Verletzlichkeit zu schätzen, die Kraft der Empathie zu nutzen und in unseren Interaktionen einen Geist der Offenheit und Authentizität zu pflegen.

Aber die Reise endet hier nicht. Da wir an der Schwelle zu einem neuen Kapitel in unseren Beziehungen stehen, sind wir aufgerufen, uns zu kontinuierlichem Wachstum und Kommunikation zu verpflichten, um die Samen der Liebe und des Verständnisses zu nähren, die wir auf dem Weg gesät haben. Wir sind uns bewusst, dass wahre Intimität kein Ziel, sondern ein lebenslanges Streben ist, eine Reise der Selbstfindung und gegenseitigen Erkundung, die sich mit jedem Tag entfaltet.

Wenn wir in die Zukunft blicken, sind wir voller Hoffnung und Vorfreude auf die Abenteuer, die vor uns liegen. Wir wissen, dass es Herausforderungen zu meistern, Hindernisse zu meistern und Momente der Unsicherheit zu meistern gibt. Aber wir wissen auch, dass wir nicht allein sind, dass wir einander haben, auf die wir uns verlassen, mit denen wir lachen und bedingungslos lieben können.

Indem wir uns zu kontinuierlichem Wachstum und Kommunikation in unseren Beziehungen verpflichten, geloben wir, das heilige Band, das wir teilen, zu ehren, das Geschenk der Liebe, das uns gegeben wurde, zu schätzen und eine Zukunft voller Freude, Erfüllung und endloser Möglichkeiten aufzubauen. Wir geloben, mit Empathie zuzuhören, ehrlich zu sprechen und uns gegenseitig durch die Höhen und Tiefen der Lebensreise zu unterstützen.

Lassen Sie uns diesen Moment mit offenem Herzen und offenem Geist annehmen, bereit, mit Mut, Anmut und unerschütterlichem Engagement das nächste Kapitel unserer Liebesgeschichte aufzuschlagen. Denn auf dem Weg, Ihren Partner kennenzulernen, ist jeder Moment eine Gelegenheit, unsere Verbindung zu vertiefen, unsere Bindung zu stärken und ein Vermächtnis der Liebe zu schaffen, das die Zeit überdauern wird.

Lassen Sie uns zum Abschied von diesen Seiten die gewonnenen Erkenntnisse, die geteilten Erinnerungen und die Liebe, die uns verbindet, mit uns tragen. Und möge unsere Reise weiterhin voller Lachen, Abenteuer und der Schönheit einer Liebe sein, die keine Grenzen kennt.

www.ingramcontent.com/pod-product-compliance
Lightning Source LLC
LaVergne TN
LVHW050342160826
845677LV00014B/3737